Dirección Editorial
Canela
(Gigliola Zecchin)

Diseño gráfico:
Helena Homs

Fotografías: Fernando Álvarez

Reproducción de Florencio Molina Campos: gentileza Pelusa Molina, Gonzalo Gimenez Molina y Fundación Florencio Molina Campos.

Investigación y selección literaria: Marta Prada

Asesoría pedagógica: Natalia Coppola

Canela
 La leyenda del hornero / Canela y Marta Prada ; ilustrado por Oscar Rojas y Luciana Fernández - 4ª ed. - Buenos Aires : Sudamericana, 2007.
 32 p. : il. ; 25x19 cm. (Cuentamérica Naturaleza)

 ISBN 950-07-2245-3

 1. Literatura Infantil y Juvenil Argentina. I. Prada, Marta. II. Oscar Rojas, ilust. III. Luciana Fernández, ilust. IV. Título
 CDD A863.928 2

Primera edición: agosto de 2002
Cuarta edición: julio de 2007

Impreso en la Argentina.
Queda hecho el depósito que previene la ley 11.723.

© 2002, Editorial Sudamericana S.A.®
Humberto I° 531, Buenos Aires, Argentina.

www.sudamericanalibros.com.ar

ISBN 10: 950-07-2245-3
ISBN 13: 978-950-07-2245-2

Todos los derechos reservados. Esta publicación no puede ser reproducida, ni en todo ni en parte, ni registrada en, o transmitida por, un sistema de recuperación de información, en ninguna forma ni por ningún medio, sea mecánico, fotoquímico, electrónico, magnético, electroóptico, por fotocopia o cualquier otro, sin permiso previo por escrito de la editorial.

La Leyenda Del Hornero

LEYENDA: CANELA
TEXTO INFORMATIVO: MARTA PRADA

ILUSTRACIONES: OSCAR ROJAS
TRABAJOS EN PLASTILINA: LUCIANA FERNÁNDEZ

La Leyenda del Hornero

Dicen que hace mucho tiempo don Sebastián Gaboto, que venía de España, amarró sus barcos y bajó con muchos hombres a las verdes orillas del río Paraná. Los aborígenes que allí vivían los recibieron con temor, y se sintieron aliviados cuando los vieron partir.

DICEN TAMBIÉN QUE UNO DE ELLOS SE QUEDÓ ESCONDIDO ENTRE LAS CAÑAS DE LA ORILLA. ERA DIEGO, EL ARTESANO. DIEGO NO QUERÍA SEPARARSE DE ALAHÍ, LA HIJA DEL CACIQUE. Y ES QUE SE HABÍA ENAMORADO DE SU PIEL MORENA, DE SUS OJOS BRILLANTES Y ALARGADOS. QUISO SER UNO MÁS EN LA TRIBU. SE CORTÓ LA BARBA Y EL PELO, SE QUITÓ LA CHAQUETA Y LA CAMISA, Y ANDUVO POR LA SELVA DESCALZO Y CASI SIN ROPA.

¡AY! MUY PRONTO DESCUBRIÓ QUE, SALVO ALAHÍ, NADIE LO QUERÍA. LO TRATABAN CON DUREZA, COMO A UN INTRUSO. ENTONCES PIDIÓ QUE LO SOMETIERAN A LAS PRUEBAS QUE DEBÍAN CUMPLIR LOS GUARANÍES PARA CONQUISTAR A UNA JOVEN. SÓLO ASÍ LA HIJA DEL CACIQUE PODRÍA SER SU ESPOSA.

LA PRUEBA DEL PRIMER DÍA PARECÍA SENCILLA. DEBÍA CORRER RUMBO AL SUR SIN DETENERSE, HASTA LA PUESTA DEL SOL, ABRIÉNDOSE PASO ENTRE MALEZA Y PLANTAS ESPINOSAS. DESDE LAS CANOAS, MUCHOS OJOS ALARGADOS LO VIGILABAN PARA QUE NO HICIERA TRAMPA.

AL AMANECER SIGUIENTE COMENZÓ LA SEGUNDA PRUEBA. Y FUE MÁS DURA. TENÍA QUE REGRESAR NADANDO AGUAS ARRIBA ANTES DE QUE LO GANASE LA OSCURIDAD. TODOS LOS HOMBRES DE LA TRIBU ESTABAN SENTADOS EN LA ORILLA ESPERANDO QUE NO LLEGARA A TIEMPO. MUY LASTIMADO Y CASI SIN FUERZAS, DIEGO ALCANZÓ LAS CHOZAS CON EL ÚLTIMO RAYO DE SOL.

ESA NOCHE SE DURMIÓ PROFUNDAMENTE PENSANDO QUE ESTABA MÁS CERCA DE SU AMADA ALAHÍ.

LA ÚLTIMA SERÍA LA PRUEBA MÁS DIFÍCIL. DEBÍA QUEDARSE ENCERRADO, INMÓVIL ENTRE CUEROS, Y AYUNAR DURANTE NUEVE DÍAS. DEMORARON DEMASIADO EN DESATARLO, ASÍ QUE CUANDO ABRIERON LOS CUEROS COMPROBARON ASOMBRADOS QUE DIEGO SE HABÍA VUELTO MUY CHIQUITO. YA NO ERA PERSONA. EN LUGAR DE BOCA TENÍA UN PICO DURO, ESTABA CUBIERTO DE PLUMAS MARRONES Y LE HABÍAN SALIDO DOS ALAS. CON OJOS DE PÁJARO MIRÓ A UNO Y OTRO LADO, Y VOLÓ HASTA LA CIMA DE UN LAPACHO QUE ESTABA MUY CERCA, DONDE LANZÓ SU PRIMER Y MELODIOSO CANTO.

ALAHÍ ESCUCHÓ EL LLAMADO. PIDIÓ QUE TAMBIÉN A ELLA LA ENVOLVIERAN EN CUEROS. PASÓ HAMBRE Y SED, Y SE QUEDÓ LARGO TIEMPO EN LO OSCURO. CUANDO DORMÍA SOÑABA QUE PODÍA VOLAR. Y ASÍ FUE. UNA MAÑANA SINTIÓ QUE SE HABÍA VUELTO CHIQUITA, CON EL CUERPO CUBIERTO DE PLUMAS, Y QUE LE HABÍAN CRECIDO DOS ALAS. CON OJOS DE PÁJARO MIRÓ A UNO Y OTRO LADO, Y ALCANZÓ VOLANDO A SU COMPAÑERO.

EN ESOS DÍAS ÉL NO HABÍA DEJADO DE TRABAJAR. EN LA HORQUETA DEL LAPACHO, ENTRE FLORES AMARILLAS, ESTABA CONSTRUYENDO UN NIDO REDONDO DE PAJA Y BARRO, DE MODO QUE SU AMADA CONVERTIDA EN PÁJARO TUVIERA UNA CASA MUY SEGURA, CON UMBRAL Y HASTA DOS CUARTOS. DESDE ENTONCES ANDAN SIEMPRE JUNTOS, CONSTRUYENDO. CADA AÑO ESTRENAN SU HERMOSO NIDO EN UN LUGAR NUEVO. ALLÍ NACEN SUS PICHONES, PROTEGIDOS DEL FRÍO Y DEL VIENTO.

¡AH! COMO LA CASA SE PARECE A UN HORNO PARA HACER PAN, LOS LLAMAMOS HORNEROS.

Aparecen en esta leyenda...

EL RÍO

El Paraná era muy importante para los aborígenes. Construían canoas con troncos y navegaban con destreza. Pescaban con arpones y redes; conocían cada secreto del río.

SEBASTIÁN GABOTO

Era un navegante que llegó a América buscando riquezas fabulosas de las que hablaban otros conquistadores. Fue el primer europeo que recorrió el Paraná. En el camino, muchos de sus hombres abandonaron la expedición. Gaboto nunca encontró el tesoro.

DIEGO, EL ARTESANO

Al transformarse en pájaro utilizó su habilidad de artesano para fabricar el nido. Muchos españoles se enamoraron de mujeres indígenas; algunos formaron familias con ellas y se quedaron para siempre en América.

ALAHÍ

Era la hija de un cacique. Alahí, como otras mujeres guaraníes, se adornaba el cuerpo pintándolo. En la selva hacía calor y los guaraníes andaban sin ropa o con prendas muy livianas.

LA TRIBU

Las familias construían sus casas agrupadas y rodeadas por un cerco de madera. Cada aldea estaba dirigida por un cacique. Los pobladores trabajaban sus tierras y le entregaban a él una parte de lo que cosechaban. También cazaban animales y pescaban.

EL LAPACHO

Es un árbol que crece en todo el norte de la Argentina, en Paraguay y en Brasil. Alcanza gran altura, tiene hermosas flores, madera dura y resistente, y propiedades curativas. Los guaraníes lo llamaban *tajy* o *tayil-hu*.

El hornero

Un Animal Elegante

Es de color marrón, más oscuro en las alas y más claro en el pecho, con cuello rojizo, garganta blanca y cola rojiza. Se pasea y vive tanto en montes como en parques y jardines. Se mueve con elegancia y suavidad. El macho y la hembra cantan a dúo, sobre todo al amanecer y cuando hay sol. Dicen en el campo que en días nublados se quedan en silencio.

*Su nombre en latín es **furnarius rufus**. Los guaraníes lo llamaron **órganaitigs**. Según en qué región viva, lo nombran como **albañil, caserito, casero, hornillero, alonsito**.*

¡Y el del techo de mi casa se llama Poroto!

Las Patas, Las Alas

Como muchos otros pájaros, es un ave de percha, es decir que usa las patitas para sujetarse de ramas o de alambres.

Las alas tienen plumas grandes, que les permiten volar.

Además, el hornero camina; cuando lo hace, apoya sus cuatro dedos bien abiertos en el suelo.

¡Vuela, camina.... ¡ufa, y yo siempre por el piso!

15

¿Qué Lugares Elige Para Vivir?

El hornero prefiere los espacios abiertos, donde dé el sol. Elige la horqueta de un árbol, postes de teléfono, los palos de los alambrados del campo, los techos.

También en la ciudad suele haber nidos. Y aunque parezca raro... ¡en lo alto de alguna estatua o monumento!

Habita todo el norte y el litoral de la Argentina hasta Río Negro. También se lo ve en Bolivia, Brasil, Paraguay y Uruguay.

América del Sur

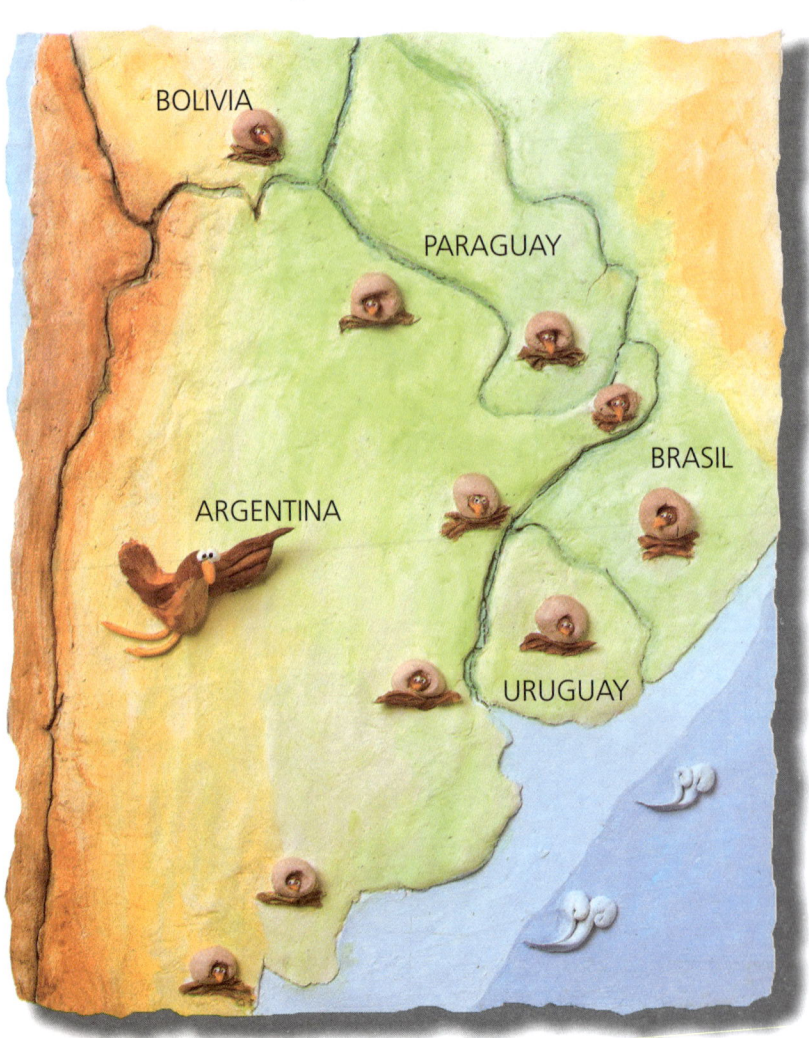

América del Sur (detalle)

16

EL HORNERO NO HACE TURISMO

Allí donde nace, le gusta quedarse. No es un pájaro que viaje, como otras aves, a lugares lejanos. Pasa toda su vida en el mismo sitio.

El macho y la hembra buscan juntos el lugar para hacer el nido.

¿QUIÉN LO ELIGIÓ?

El hornero es el ave nacional argentina. Los chicos tuvieron mucho que ver en esta decisión que se tomó en 1928, porque participaron de una encuesta donde entre el cóndor, el chajá, el tero y otras aves... ¡ganó el hornero!

17

CUIDAN MUCHO A SUS HIJOS

La hembra incuba cuatro huevos blancos y alargados. Los pichones, cuando nacen, son muy indefensos. Tanto el padre como la madre se ocupan de alimentarlos hasta que se pueden arreglar solos. Comen todo tipo de bichitos, como insectos y lombrices. Cuando los hijos se van del nido, la pareja empieza a construir nueva casa y a poner más huevos.

¿Y si nos confunden con lombrices?

¡Uyyyy!

EL NIDO

¿CÓMO LO CONSTRUYEN?

Trabajan juntos el macho y la hembra. Lo construyen después del otoño, cuando ha llovido mucho y es más fácil encontrar barro.

- Usan el pico como herramienta y se ayudan con las patas. Amasan y alisan el barro mezclado con pajitas, estiércol, restos de hojas y de raíces.

- Forman bolitas que trasladan con el pico. Van y vienen desde un charco con barro llevando el material hasta el lugar elegido. ¡Son muy trabajadores!

En una semana el nido queda terminado.

UNA VIVIENDA MUY SEGURA

Son buenos arquitectos. Cuando el sol seca la mezcla, el nido resiste tormentas con viento y lluvia. Terminado, pesa alrededor de 5 kilos. Todos los años hacen un nido nuevo. A veces, uno encima de otro.

19

La Casa del Hornero

Es muy parecida a un horno de barro. Por eso a este pájaro se lo llama **hornero**.

Por afuera, el nido tiene las paredes ásperas y rugosas; por dentro, más lisas y suaves. Tiene una pared que lo divide en dos partes: la más pequeña junto a la entrada, y otra más grande, donde la hembra pone los huevos. Allí les da calor hasta que nacen sus pichoncitos. Los papás horneros los cuidan, los alimentan, esperando que crezcan y que aprendan a volar.

PARA LOS MÁS PEREZOSOS

Hay pájaros, como las golondrinas, los jilgueros y los tordos, que en lugar de construir su nido esperan que los horneros dejen uno vacío y allí se instalan.

El Horno de Barro

En el campo se usaba (y todavía se usa en muchos lugares) un horno de barro para cocinar el pan y otros alimentos. Se construye fuera de la casa, y tiene forma redonda con una abertura por donde se introduce con una pala lo que se va a cocinar. El horno se calienta con leña.

Para Chicos Ecologistas

En el campo o en la ciudad podemos observar el comportamiento de los horneros, pero hay que tener en cuenta algunas cosas:

- No molestarlos mientras están construyendo su nido.

- No molestarlos, aunque el nido ya esté construido, tirándoles piedras ni ninguna otra cosa.

- Para tener un nido de hornero de recuerdo, saquemos una foto. No olvidemos que el nido vacío puede servir como vivienda para otros pájaros.

DEL FOLKLORE

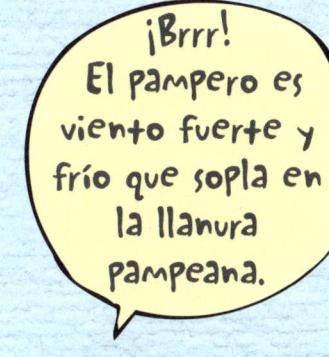

¡Brrr! El pampero es viento fuerte y frío que sopla en la llanura pampeana.

UNA COPLA POPULAR

En ese rancho seguro,
No lo asustan aguaceros
Ni el pampero lo atribula,
Ni le teme a los inviernos,
Ni el morajú que es tan diablo
Se vio de puertas adentro.

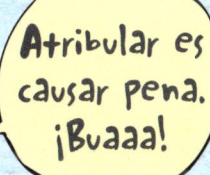

Atribular es causar pena. ¡Buaaa!

Morajú es el nombre que le dieron los guaraníes al tordo renegrido. ¡Siempre ocupa nidos ajenos!

MILONGA CAMPERA
Atahualpa Yupanqui

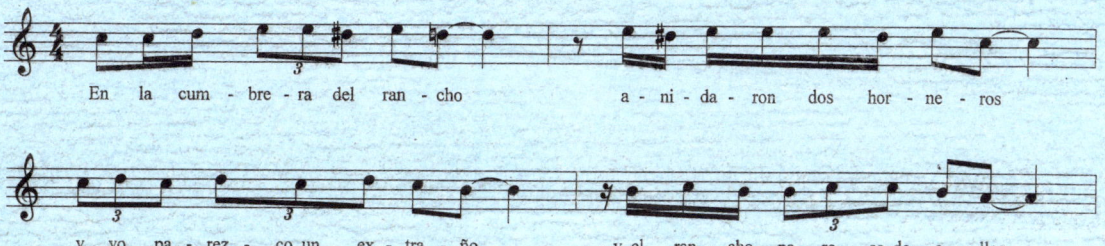

En la cum-bre-ra del ran-cho a-ni-da-ron dos hor-ne-ros

y yo pa-rez-co_un ex-tra-ño y_el ran-cho pa-re-ce_de e-llos.

Creencias del Campo

- Para la gente del campo, es una señal de buena suerte que el hornero haga el nido sobre un esquinero de su casa.

- Si construye el nido en los árboles que están cerca de la casa, quiere decir que quienes cultivan la tierra van a tener muy buena cosecha.

- Cuentan que el hornero no trabaja los domingos, y si lo hace... ¡va a venir un invierno muy lluvioso!

- Dicen que si el hornero construye su nido sobre un rancho, sobre ese rancho no caerán rayos ni centellas aun en la peor tormenta. Por eso los paisanos nunca lo destruyen: lo consideran una señal de protección.

- En el noroeste, la gente de campo usa el barro del nido para curar enfermedades de la piel. Guardan los nidos abandonados y, cuando es necesario, humedecen un pedazo y lo aplican sobre la parte afectada.

DE OTROS LIBROS

EL HORNERO

La casita del hornero
Tiene alcoba y tiene sala.
En la alcoba la hembra instala
Justamente el nido entero.

En la sala, muy orondo,
El padre guarda la puerta,
Con su camisa entreabierta
Sobre su buche redondo.

....

Elige como un artista
El gajo de un sauce añoso,
O en el poste rumoroso
Se vuelve telegrafista.

Allá, si el barro está blando,
Canta su gozo sincero.
Yo quisiera ser hornero
Y hacer mi choza cantando.

Leopoldo Lugones (fragmento)

LA HISTORIA DE UN NIDO DE HORNEROS CONTADA POR UN POETA

"… Un día un muchacho de un cascotazo le rompió la puerta; al otro día estaba refaccionada. Otro día un huracán le hizo volar la calota. Vuelta a construir, y eso que había huevos y la hembra se aguantó sobre ellos bajo la lluvia. (…) A mí me basta ver un nido de hornero para ver a Dios; es decir, no para ver, sino para sentir que existe."

Camperas. Bichos y personas, Leonardo Castellani

La calota es la parte de arriba del nido.

EL HORNERO EN EL ARTE

Pisando… pa locro! (fragmento), Florencio Molina Campos, 1931.

JUGAR A CREAR . UN MÓVIL

SE NECESITA

- Cosas redondas (tapas, tapitas, vaso) y papelitos de colores redondos, chicos y grandes
- Tres ramitas lisas
- Pegamento
- Hilos o piolines
- Tijeras

- Plegado

- Móvil terminado

"Si se animan los horneros... ¿Por qué no vamos a animarnos nosotros a construir? ¡Barro sobra!"

"¡Pst...! Si se hace otra elección, ¡por ahí me eligen bichito nacional!"

LA FAMILIA DE LOS GRUGRINS SE DESPIDE.......

"Ah... ¡¡¡qué linda historia de amor la de Diego y Alahí!!!"

"Yo quisiera ser hornera y hacer mi choza cantandoooo."

La leyenda del hornero	5
Aparecen en esta leyenda…	13
El hornero	14
Un animal elegante	14
Las patas, las alas	15
¿Qué lugares elige para vivir?	16
Cuidan mucho a sus hijos	18
El nido	19
La casa del hornero	20
El horno de barro	21
Para chicos ecologistas	22
Del folklore	23
Creencias del campo	24
De otros libros	25
El hornero en el arte	27
Jugar a crear un móvil	28

Los libros de esta colección cuentan con *Guía para docentes*. Los interesados pueden solicitarla en Humberto I° 555, o al teléfono 4300-5400.

CUENTAMÉRICA NATURALEZA

OTROS TÍTULOS DE ESTA COLECCIÓN

- *La leyenda de la yerba mate* / Ana María Shua - Marta Prada
- *La leyenda de la ballena* / Ema Wolf - Marta Prada
- *La leyenda del algarrobo* / Miguel Ángel Palermo - Marta Prada
- *La leyenda del colibrí* / Silvia Schujer - Marta Prada
- *La leyenda de la piedra movediza* / Laura Devetach - Marta Prada

Esta edición de 3.000 ejemplares se terminó de imprimir en
Indugraf S.A., Sánchez de Loria 2251, Bs. As.,
en el mes de julio de 2007.
www.indugraf.com.ar